CW00617653

£1.49.
C 11kB
LW
8

Billy et son hibou

Martin Waddell

Billy
et son hibou

Illustrations de Carolyn Dinan
Traduit de l'anglais par Raphaële Desplechin

Mouche de poche
l'école des loisirs
11, rue de Sèvres, Paris 6e

© 1989, l'école des loisirs, Paris, pour l'édition en langue française
© 1986, Martin Waddell pour le texte
© 1986, Carolyn Dinan pour les illustrations
Titre original: « Owl and Billy » (Methuen, Londres)
Composition: Sereg, Paris (Bembo 16/19)
Loi n° 49.956 du 16 juillet 1949 sur les publications destinées à la jeunesse:
septembre 1989
Dépôt légal: septembre 1990
Imprimé en France par Berger-Levrault à Nancy

Pour Catriona

1
LE COSMONAUTE SECRET

Tous les grands enfants de la rue du Grain allaient à l'école, mais Billy Lorgnon avait encore une semaine à attendre avant d'y aller parce qu'il était trop petit.

– Je veux aller à l'école *maintenant,* Maman, dit-il à sa maman.

– La semaine prochaine, Billy, dit sa maman. Après ton anniversaire.

– Je ne veux pas attendre jusqu'à la semaine prochaine, dit Billy.

– Et pourtant, il le faut, dit Maman. Mlle Murphy ne peut pas te prendre en maternelle avant ton anniversaire.

Billy n'était pas content.

– Je n'ai personne avec qui jouer, sauf

le bébé des Wilkins, dit-il. Le bébé des Wilkins lui non plus ne va pas à l'école.

Le bébé des Wilkins était très petit. Billy le promenait parfois dans sa poussette avec Mme Wilkins, et il tenait le talc quand elle changeait ses couches, mais on ne pouvait pas faire beaucoup plus avec lui. C'était un bébé qui ne servait à rien.

– Je ne veux pas jouer avec le bébé des Wilkins, dit Billy à sa maman. Je vais plutôt prendre mon hibou et aller faire du vélo.

Son hibou était le meilleur ami de Billy. La maman de Billy avait fait le hibou dans une vieille taie d'oreiller et avec de la bourre. C'était drôle de jouer avec le hibou.

Billy et son hibou descendirent la rue du Grain. Ils ne marchaient pas, ils étaient sur le tricycle de Billy. Le hibou était assis sur le guidon, mais il faillit tomber de surprise quand ils virent le camion devant chez les Vieilles Personnes.

C'était un grand camion vert et des hommes en sortaient des meubles. Ils les transportaient dans l'appartement de Mme Sac d'Os.

C'étaient de très vieux meubles, aux pieds tout branlants et rapiécés.

– Je pense que Maigrelette Sac d'Os ne sera pas contente, dit Billy à l'homme aux meubles.

– Qui ? dit l'homme.

– Mme Sac d'Os, dit Billy. Mme Sac

d'Os a déjà des meubles. Je ne pense pas qu'elle sera contente si vous mettez tout ça en plus.

Maigrelette Sac d'Os était une dame grosse et grasse. Elle chassait les gens de son jardin. Elle n'était jamais contente de rien.

– J'en sais rien ! dit l'homme, et il continua à transporter les meubles dans l'appartement.

Il y avait un portemanteau auquel il manquait une patère, un fauteuil aux ressorts cassés, une vieille cuisinière, etc…

– C'est une *moto*! souffla Billy.

Le hibou ne savait pas ce qu'était une moto et Billy dut lui montrer. C'était une grosse moto noire, avec des diables rouges peints sur les côtés. Elle était trop lourde pour être portée hors du camion, et l'homme aux meubles dut mettre une planche et faire rouler la moto dessus pour la descendre sur la rue.

Puis l'homme la mit dans le jardin de Maigrelette Sac d'Os.

– Maigrelette Sac d'Os va frapper! dit Billy à son hibou.

Maigrelette Sac d'Os avait un bâton et elle frappait avec à sa fenêtre quand les gens entraient dans son jardin.

Le hibou dit à Billy qu'il n'aimait pas Maigrelette Sac d'Os quand elle frappait avec son bâton.

– Mme Sac d'Os a une moto, Maman, dit Billy à sa maman quand ils furent rentrés à la maison.

Il courut dans la cuisine en imitant le bruit de Maigrelette-Sac-d'Os-sur-sa-moto-faisant-le-tour-de-son-jardin.

– Mme Sac d'Os est partie, dit Maman.

– Partie ? dit Billy.

– Elle-ne-revient-pas-Partie-en-Australie-Partie, dit Maman.

– Elle a oublié sa moto ? demanda Billy.

– La moto appartient à quelqu'un d'autre, dit Maman.

– Qu'est-ce qu'elle fait dans le jardin de Mme Sac d'Os, alors, si elle appartient à quelqu'un d'autre ? demanda Billy.

– Ce n'est plus le jardin de Mme Sac d'Os, Billy, dit Maman. Quelqu'un d'autre va s'installer dans l'appartement de Mme Sac d'Os.

– Quelqu'un qui conduit une moto, dit Billy.

Il y avait six appartements réservés aux Vieilles Personnes avec six vieilles personnes dedans. Ils avaient été construits au milieu des logements ordinaires de la rue du Grain, ainsi les vieilles personnes pouvaient jouer avec des gens. Ce n'était pas très amusant, de jouer avec des vieilles personnes. Elles étaient assises là, dans leur jardin, de mauvaise humeur, et aucune d'entre elles ne conduisait de moto.

– Mon hibou veut revoir la moto, dit Billy.

Et Billy et son hibou remontèrent la rue du Grain pour aller la voir.

– Stop ! dit Billy. Regarde !

Le hibou regarda, et il faillit tomber du guidon une nouvelle fois.

– Un cosmonaute ! dit Billy.

Il y avait un cosmonaute dans l'appartement de Maigrelette Sac d'Os. Le cosmonaute était habillé en noir et il avait un grand casque rond de cosmonaute sur la tête. Il semblait descendu – zoum! – tout droit de Mars dans une fusée spatiale. Billy et son hibou grimpèrent sur le mur du jardin de Maigrelette Sac d'Os pour mieux le voir.

Le cosmonaute les aperçut.

Il les regardait par la fenêtre, dans son casque de cosmonaute. Puis, il fit un clin d'œil à Billy et il leva la main pour lui faire un signe. Il portait un gant de cosmonaute qui était grand et noir et qui remontait jusqu'à la moitié de son bras.

– Des bras en caoutchouc ! souffla Billy, et son hibou pensa lui aussi que c'étaient des bras en caoutchouc.

– Ça pourrait simplement être son costume de cosmonaute, dit Billy, une minute après. Mais ça *pourrait* être aussi des bras en caoutchouc.

Son hibou pensa qu'ils devraient le demander au cosmonaute, mais Billy ne pouvait pas y aller, car il n'avait pas la permission de parler aux personnes que Maman ne connaissait pas.

Billy et son hibou rentrèrent à la maison.

– Il y a un cosmonaute dans l'appartement de Mme Sac d'Os, avec des bras en caoutchouc, dit Billy à sa maman. Mon hibou l'a vu !

– Vraiment ! dit Maman de sa voix-je-ne-crois-pas-Billy.

– Mon hibou *dit* que c'est un cosmo-naute, dit Billy. Mon hibou pense que le cosmonaute a des bras en caoutchouc, mais moi je pense que c'est peut-être une partie de son costume de cosmonaute.

– De quelle planète vient-il? demanda Maman en arrêtant la machine à laver.

– Mon hibou pense qu'il vient de Mars, dit Billy.

– Mais qu'est-ce que tu en penses, toi? dit Maman.

– De Vénus! dit Billy, qui savait tout sur les planètes parce qu'il avait un livre sur le sujet.

– Pas de Watford? dit Maman.

C'est ce qui était écrit sur le camion de déménagement: WATFORD, en grosses lettres rouges.

– Mon hibou dit que le cosmonaute vient de plusieurs trillions d'années lumière, dit Billy.

– Il s'est peut-être arrêté à Watford en

chemin, dit Maman. Pourquoi ne vas-tu pas le lui demander ?

– Mon hibou a dit qu'il ne fallait pas parler au cosmonaute parce que tu ne le connaissais pas, dit Billy. Tu connais le cosmonaute, Maman ?

– Dis-lui que c'est Nora Wright qui t'envoie, dit Maman.

– Tu ne t'appelles pas Nora Wright, dit Billy.

– Plus maintenant, dit Maman. Mais c'était mon nom.

– Est-ce que « Nora Wright » est une sorte de mot de passe, Maman ? demanda Billy.

– C'est ça, dit Maman. Essaie, et tu verras bien ce qui arrivera.

Billy et son hibou retournèrent chez les Vieilles Personnes, sur le tricycle de Billy. Le cosmonaute était dans son jardin et il portait encore son costume de cosmonaute.

– C'est Nora Wright qui nous envoie,
dit Billy et puis il ajouta : c'est une sorte
de mot de passe.

– Je vois, dit le cosmonaute.

– Ça, c'est mon hibou, dit Billy, en
montrant son hibou au cosmonaute. Mon
hibou pense que vous êtes un cosmonaute.

– Comment l'a-t-il su ? demanda le
cosmonaute.

– Je lui ai dit que vous
aviez un casque de
cosmonaute, dit Billy.
C'est comme ça
qu'il l'a su.

– Bien vu ! dit le cosmonaute.

– Êtes-vous un *vrai* cosmonaute ? demanda Billy. Un cosmonaute de Watford ?

– C'est vrai, dit le cosmonaute. Mais ne le dis pas ! Personne ne doit le savoir.

– Sauf moi et mon hibou, dit Billy.

– C'est ça, dit le cosmonaute.

– Et ma maman, dit Billy.

– Si tu le dis, dit le cosmonaute, mais absolument *personne* d'autre !

Puis il monta sur sa moto et descendit la rue du Grain en trombe, mais avant de partir, il klaxonna trois fois.

– Ça doit être un signal de cosmonaute ! dit Billy à son hibou, et le hibou dit que ça prouvait que le cosmonaute était bien un cosmonaute.

– Mais nous ne devons le dire à personne, dit Billy.

Et son hibou promit qu'il ne le dirait pas.

2
LA VISITE DU COSMONAUTE

Le jour suivant, Billy était en train de prendre son petit déjeuner quand il y eut un grand vacarme : VAROOM ! VAROOM ! VAROOM !

– Qu'est-ce que c'est que ça ? demanda le papa de Billy, et il alla regarder à la fenêtre.

VAROOM ! VAROOM ! VAROOM !

– C'est une vieille branche qui bricole sur une moto ! dit Papa.

– Mon hibou voudrait savoir ce que c'est qu'une « vieille branche », Papa, dit Billy.

– C'est quelqu'un qui est très vieux, dit Papa.

– Vieux comme toi ? dit Billy.

– Non, dit Papa. Beaucoup plus vieux.

– Vieux comme les Vieilles Personnes, dit Maman pour l'aider.

VAROOM ! VAROOM ! VAROOM !

Billy ne dit rien, mais il savait qui était la « vieille branche ». Il y avait une seule « vieille branche » dans la rue du Grain qui pouvait faire autant de bruit, et c'était le cosmonaute secret.

– Je me demande qui c'est ? dit Papa. Je ne l'avais jamais vu dans le coin auparavant.

– C'est celui dont je t'ai parlé, dit Maman. Il vient de Watford et Billy dit que c'est un cosmonaute.

– Billy dit ça ? dit Papa.

Billy ne dit rien, mais il était en colère et son hibou aussi. Le cosmonaute était un secret spécial, qu'il ne fallait dire à personne, à personne y compris Papa.

Billy attendit que Papa fût parti au travail et puis il se mit en colère contre Maman.

– Tu as parlé de lui! dit-il.

– De qui? dit Maman.

– Du cosmonaute, dit Billy.

– Oh Seigneur! dit Maman.

– Tu ne devais dire à personne qu'il y avait un cosmonaute, dit Billy. Il n'y a que

moi, mon hibou et le cosmonaute qui sommes au courant. Et tu es dans le secret seulement par accident, parce que nous te l'avons dit car nous ne savions pas que c'était un secret spécial.

– Je ne crois pas que ça ennuiera le cosmonaute que ton père soit au courant, dit Maman.

– Ça l'ennuiera beaucoup, dit Billy. C'est une information spatiale top secret.

Le hibou dit lui aussi que c'était top secret.

– Bon, nous ne le dirons pas à Papa alors, dit Maman.

– Tu le lui as déjà dit, dit Billy.

– Je lui ai dit qu'il y avait un nouveau locataire chez les Vieilles Personnes et que je l'avais connu à Watford quand j'étais petite, comme toi, dit Maman. J'ai dit que tu avais dit que c'était un cosmonaute, mais Papa pense seulement que tu as inventé cette histoire.

– Mon hibou dit que tu dois promettre de ne plus le dire, dit Billy.

– Dis à ton hibou que je le promets, dit Maman, et le hibou dit que ça allait comme ça.

Après le petit déjeuner, Billy et son hibou allèrent se promener sur le tricycle de Billy, et le hibou voulut rendre visite au cosmonaute, donc ils sonnèrent à sa porte.

– Qui est-ce ? cria une voix endormie

à l'intérieur de la maison du cosmonaute.

– Billy et son hibou, dit Billy.

Le cosmonaute ouvrit la porte.

Il n'avait pas mis son casque : ce fut la première chose que Billy remarqua. La seconde, c'était que le cosmonaute n'avait pas beaucoup de cheveux. Il avait le haut de la tête chauve et luisant, comme une pomme, avec des petites taches brunes dessus.

– Vous avez des taches brunes sur la tête, dit Billy au cosmonaute.

– Radiations de l'espace ! dit le cosmonaute.

– Ça vous a brûlé tous vos cheveux ? demanda Billy.

– Pas tous, dit le cosmonaute.

– En tout cas, vous n'avez pas beaucoup de cheveux, dit Billy, et le cosmonaute ne sembla pas très content.

– Mon hibou pense que vous devriez sortir pour jouer avec nous, dit Billy.

– Je ne peux pas, dit le cosmonaute.

– Pourquoi ? demanda Billy.

– Je dois recevoir des messages, dit le cosmonaute. Des messages de l'espace intersidéral.

– Oh ! dit Billy.

Le hibou voulait savoir quelle sorte de messages c'étaient, donc Billy le demanda au cosmonaute.

– Des messages comme : « Tu n'as plus de lait », dit le cosmonaute.

– C'est vrai ? dit Billy.

– Oui, dit le cosmonaute.

– Je vais aller en chercher si vous voulez, dit Billy.

Et le cosmonaute donna de l'argent à Billy pour aller acheter du lait.

Billy et son hibou allèrent en chercher au magasin de Mme Jefferson, au coin de la rue, et ils ne le renversèrent pas sur le chemin du retour.

– Merci beaucoup, dit le cosmonaute,

et il donna 50 centimes à Billy parce qu'il n'avait pas renversé le lait.

Billy et son hibou rentrèrent à la maison.

– Où étiez-vous ? demanda Maman.

– Nous étions en visite chez le cosmonaute, dit Billy, et il montra les 50 centimes à Maman.

– Oh Seigneur ! dit Maman. Il ne faut pas aller l'embêter, Billy.

– Je ne l'embête pas, dit Billy. Je rendais service.

Et il parla à sa maman du message de l'espace et de Ne-Pas-Renverser-Le-Lait.

– C'était très gentil de ta part, Billy, dit-elle. Mais tu ne dois pas aller frapper à la porte des Vieilles Personnes et les déranger.

– Je l'ai fait seulement parce que mon hibou me l'a demandé, dit Billy.

– Oui, bon, dit Maman. C'est d'accord, mais tu dois dire à ton hibou de ne plus aller déranger M. Bennet.

– Qui est M. Bennet ? demanda Billy. C'est mon cosmonaute ?

– Oui, dit Maman.

– Je vais aller lui demander si c'est vraiment son nom, dit Billy, et il monta sur son tricycle.

– Oh non, tu n'iras pas ! dit Maman. Tu vas m'aider à faire la vaisselle.

Billy aida à faire la vaisselle, et son hibou regarda, et puis le hibou décida qu'il voulait aller jouer avec le cosmonaute.

– Plus tard, Billy, dit Maman.

– Mon hibou veut y aller maintenant, dit Billy.

– Ton hibou ne peut pas y aller, dit Maman. M. Bennet est un très vieil homme. Je ne suis pas sûre qu'il veuille jouer avec ton hibou toute la journée.

– Je peux aller le lui demander, Maman ? demanda Billy.

– Non, dit Maman.

Billy et son hibou furent obligés de rester à la maison.

Ils restèrent à la maison toute la matinée et Billy joua au football avec son hibou. Le hibou ne jouait pas très bien au football et ce fut Billy qui gagna. Puis ils jouèrent à faire la course autour de la salle à manger, et Billy gagna à nouveau. Ensuite, le bébé des Wilkins vint jouer une demi-heure pendant que Mme Wilkins faisait des courses, et Maman lut une histoire à Billy, à son hibou et au bébé des Wilkins.

– Est-ce que mon hibou peut aller voir le cosmonaute maintenant, Maman? demanda Billy.

– Non, Billy, dit Maman.

Mme Wilkins revint et elle prit le café avec Maman. Elle dit:

– Tu vas bientôt aller à l'école, Billy, tu es un grand garçon maintenant.

– Ça ne sera pas trop tôt, dit Maman. Billy s'ennuie beaucoup car il est tout seul pour jouer.

– Je joue avec mon hibou, dit Billy.

Ils prirent leur repas et puis le hibou et Billy allèrent faire une promenade à tricycle, mais le cosmonaute n'était pas là quand ils passèrent devant son appartement.

Le hibou voulait sonner à la porte pour voir si le cosmonaute était chez lui et recevait des messages de l'espace intersidéral.

– Maman ne veut pas, lui dit Billy.

Alors, ils firent la course sur le trottoir devant l'appartement du cosmonaute. Mais le cosmonaute ne sortit pas de chez lui.

Ils rentrèrent à la maison et Billy lut à son hibou l'histoire que Maman avait lue au bébé des Wilkins. Billy connaissait presque tous les mots.

Maman leur donna des biscuits et Billy et son hibou s'assirent à la fenêtre pour regarder le jardin du cosmonaute, mais ils ne virent pas le cosmonaute.

– Mon hibou veut aller voir si le cosmonaute est dans son appartement, Maman, dit Billy.

– Pas maintenant, Billy, dit Maman. Viens m'aider à passer l'aspirateur.

– Mon hibou ne veut pas, dit Billy.

– Tu *peux* faire des choses même si ton hibou ne veut pas, dit Maman. Ton hibou ne te donne pas des ordres.

– Moi non plus je ne veux pas, dit Billy.

– Merci quand même ! dit Maman, et elle alla passer l'aspirateur.

BRRRRRRRRRRRR ! BRRRRRRRRRRRR ! BRRRRRRRRRRRR ! fit la sonnette d'entrée, trois fois.

Maman alla ouvrir la porte. C'était le cosmonaute.

– Bonjour M. Bennet! dit Maman, et elle serra le cosmonaute contre son cœur.

– Ma petite Nora! dit le cosmonaute.

– Ma maman n'est pas petite! dit Billy.

Mais personne ne faisait attention à lui. Le cosmonaute serra la maman de Billy

sur son cœur à son tour. Et ils commen-
cèrent à parler, à parler et à rire.

– Bonjour! dit Billy.

– Bonjour toi! dit le cosmonaute en
lâchant Maman.

– Vous êtes venu jouer avec nous?
demanda Billy.

– Maintenant, Billy... commença Maman.

– Oui, dit le cosmonaute.

Billy, le cosmonaute, le hibou et
Maman s'assirent tous dans la pièce de
devant et ils jouèrent aux devinettes, et
puis Billy montra au cosmonaute son
pantin. Le cosmonaute fit marcher le
pantin sur ses genoux, puis Maman fit du
café. Après, Billy, son hibou, son pantin
et le cosmonaute sortirent dans le jardin,
et Billy montra au cosmonaute la maison
de son hibou et comment faire pour se
tenir sur une seule jambe.

Le cosmonaute dit:

– J'ai assez de mal à tenir sur mes deux jambes ! et Maman rit.

– Il est temps que je rentre à la maison, dit le cosmonaute.

– Je veux que vous restiez jouer, dit Billy.

– Pauvre Billy, il a hâte de commencer l'école, dit Maman. Il ne peut jouer avec personne.

– Je n'ai pas beaucoup le temps de jouer, dit le cosmonaute. Mais je vais vous dire quelque chose : si Billy vient de temps en temps chez moi et sonne trois fois à la porte, il pourra m'aider dans mon travail.

– Pour les messages de l'espace ? souffla Billy.

– Oui, et pour d'autres choses aussi, dit le cosmonaute mystérieusement. Si tu viens avec moi maintenant, je te montrerai.

Billy et son hibou allèrent avec le cosmonaute dans son appartement, et le cosmonaute leur montra quelques signes secrets de l'espace, comme celui-là :

 qui veut dire OUI

et celui-là

  qui veut dire NON

et celui-là

  qui veut dire : JE VEUX
Y RÉFLÉCHIR.

Ils essayèrent les signaux.
 – C'est toi, Billy ? demanda le cosmo-

naute, et Billy fit :
 – Est-ce que tu vas à l'école ? demanda

le cosmonaute, et Billy fit :
 – Est-ce que tu vas aller à l'école *bientôt ?* demanda le cosmonaute, et Billy fit :

 – Est-ce que ton hibou va aller à
l'école lui aussi ? demanda le cosmonaute.

– Je ne sais pas, dit Billy. Je ne sais pas si mon hibou peut aller à l'école.

– Alors fais : , dit le cosmonaute. Ça veut dire que tu veux y réfléchir.

Et Billy fit le signe.

Quand il rentra à la maison, il demanda à Maman si son hibou pouvait aller à l'école.

– Je ne pense pas qu'il y ait beaucoup de hiboux à l'école, Billy, dit Maman. Mais je suppose que ça n'ennuiera pas la maîtresse si tu prends ton hibou avec toi les premiers jours.

– Mon hibou n'est pas sûr de vouloir aller à l'école, Maman, dit Billy. Il dit que nous pouvons jouer avec le cosmonaute et que nous n'avons plus besoin d'aller à l'école maintenant.

– Ton hibou est stupide, dit Maman. Tu lui diras que l'école, c'est bien.

– Je ne sais pas si c'est si bien, dit Billy.

– C'est *très* bien ! dit Maman. Tu vas vraiment aimer l'école, Billy, ne t'en fais pas.

– Je ne m'en fais pas, dit Billy. C'est mon hibou qui s'en fait.

– Demain, tu pourras aller jouer avec le cosmonaute, Billy, dit Maman. Arrête de t'inquiéter à propos de cette sacrée école et pense plutôt à ça !

Billy et son hibou montèrent se coucher. Le hibou posa beaucoup de questions

à Billy et Billy lui répondit avec les signaux secrets. C'était très drôle, et Billy
ne pensa plus du tout à l'école.

Son hibou fit de même.

3
BILLY
ET LES MESSAGES SECRETS

– Maman ? dit Billy le matin suivant. Maman, qu'est-ce que c'est, *en vrai,* Watford ?

– C'est un endroit, Billy. J'ai habité là-bas avant de rencontrer ton papa.

– *Avant ?* demanda Billy.

– Nous n'avons pas toujours été *Maman* et *Papa* de Billy, dit Maman. J'étais une petite fille, et lui c'était un petit garçon, comme toi. Nous avons grandi et nous nous sommes rencontrés, et puis nous avons eu un petit garçon à nous qui s'appelle Billy.

– C'est moi, dit Billy.

– Oui, c'est toi, dit Maman.

– Et puis tu as fait mon hibou, dit Billy.

– Exactement, dit Maman.

VAROOM!

VAROOM! VAROOM!

– Voilà encore M. Bennet! dit Maman. Va lui dire qu'il fait beaucoup de bruit.

– D'accord, dit Billy.

Il sortit son tricycle et prit son hibou pour aller chez les Vieilles Personnes où le cosmonaute faisait pétarader sa moto.

– Ma maman dit que vous faites beaucoup de bruit, dit Billy au cosmonaute.

– Je sais, dit le cosmonaute.

Il était allongé sur le dos et il bricolait des fils emmêlés sous sa moto.

– Est-ce que vous vous appelez *vraiment* M. Bennet? demanda Billy.

– C'est ainsi que les gens m'appellent, dit le cosmonaute, mystérieusement.

Le hibou voulait savoir le vrai nom du cosmonaute, alors Billy le lui demanda.

– Ah, dit le cosmonaute.

– Ah? dit Billy. Ah, c'est un drôle de
nom.

Billy rit à cause de ce drôle de nom, et
son hibou rit également.

– Je ne voulais pas dire que «Ah» était
mon nom, dit le cosmonaute. Je voulais
dire: «On dirait que c'est Ah».

Puis il se releva, s'assit sur sa moto et essaya l'accélérateur. VAROOM! VAROOM!

– C'est réparé, dit-il.

– Ne faites plus de bruit avec la moto, s'il vous plaît, dit Billy. Mon hibou a peur que toutes les Vieilles Personnes ne viennent se plaindre.

– Je n'ai vu personne se plaindre, dit le cosmonaute.

– Il y a le vieux Flipper, dit Billy. C'est celui qui plante des épingles dans les ballons de football. Mlle Bafouillage, c'est celle qui a un chat puant, Mlle Riz n'a pas de dents et Henny Compton n'a pas de jambes.

– Pas de jambes? dit le cosmonaute.

– Il a des jambes, des espèces de jambes, dit Billy. Mais elles ne marchent pas bien. Il a une chaise roulante et il est gentil.

– Je suis *vraiment* descendu sur une drôle de planète! dit le cosmonaute.

Ils allèrent dans l'appartement du

cosmonaute, qui se laissa tomber dans un fauteuil et ferma les yeux.

– Vous allez dormir ? demanda Billy.

– Non, dit le cosmonaute. Je reçois des messages.

– Oh, dit Billy. Je peux en recevoir moi aussi ?

– Non, dit le cosmonaute. Ce que tu peux faire, c'est rester très calme jusqu'à ce que j'ouvre les yeux, et je te dirai ce que dit le message.

– D'accord, dit Billy, et il resta très calme en comptant jusqu'à cinq, trois fois.

– Je saurai compter jusqu'à dix quand j'irai à l'école, dit-il au cosmonaute.

– Compte encore une fois jusqu'à cinq, dit le cosmonaute. Je sens que le message arrive.

Billy compta UN-DEUX-TROIS-QUATRE-CINQ encore une fois, et puis son hibou compta deux fois, et puis son hibou ne voulut plus compter.

– Mon hibou est fatigué de compter, dit Billy.

– C'est bon maintenant, dit le cosmonaute. J'ai reçu le message.

– Quel message ? demande Billy.

– Le message qui dit : IL Y A UNE GLACE DANS LE FRIGO, dit le cosmonaute.

– Il y en a ? dit Billy.

– Eh bien, il n'y en *avait* pas, dit le cosmonaute. Mais si le message dit qu'il y en a maintenant, je suppose qu'il doit y en avoir. Allons voir !

Il y en avait !

C'était de la glace à la framboise. Billy aimait bien ça et son hibou aussi, bien qu'il ait donné presque toute sa part à Billy.

– Comment la glace est-elle arrivée dans le frigo ? demanda Billy.

– Transmise par les ondes ! dit le cosmonaute. Il y a une minute, il n'y en avait pas, et la minute suivante, elle apparaît, tout simplement.

– Vous pourriez en transmettre plus par ondes ? demanda Billy.

– Pas aujourd'hui, dit le cosmonaute.

– Et moi, je pourrais être un cosmonaute ?

– Non, dit le cosmonaute. Tu appartiens au monde d'ici-bas, mais tu peux être assistant de cosmonaute et tu peux m'aider.

– D'accord, dit Billy.

– Attends! dit le cosmonaute. Je reçois un *autre* message.

Il ferma les yeux et s'allongea dans le fauteuil.

– Et... le... message... dit: IL EST TEMPS QUE BILLY ET SON HIBOU RENTRENT À LA MAISON.

Billy réfléchit à ce message secret et il questionna son hibou. Le hibou n'était pas content.

– Mon hibou ne veut pas rentrer à la maison, dit Billy au cosmonaute.

– Alors, il ne saura pas pourquoi, dit le cosmonaute.

– Pourquoi quoi?

– Pourquoi il est temps que vous rentriez à la maison, dit le cosmonaute.

– Je pensais que c'était parce que vous étiez fatigué, dit Billy.

– Il y a une autre raison, dit le cosmonaute. Demande à ta mère. Elle sait ce
que c'est.

Quand il fut rentré à la maison, Billy
demanda à sa maman.

– C'est tout à fait vrai! dit Maman. Il
y a une raison.

– Oh! dit Billy. Qu'est-ce que c'est?

– *Parce que…* parce que ton nouveau
cartable vient d'arriver, dit Maman.

– Oooooh! dit Billy.

C'était un cartable flambant neuf, et l'intérieur convenait à son hibou. Il était marron, avec des lanières qui remontaient sur les épaules de Billy et des boucles, et Maman lui montra comment elles fonctionnaient.

– Je vais aller le montrer au cosmonaute, Maman, dit Billy.

– Non, Billy, dit Maman. Je suis sûre que le cosmonaute a besoin de faire une longue, longue sieste après tous ces messages.

– Et c'était des VRAIS messages ! dit Billy. Il y avait *vraiment* de la glace dans le frigo, et il était *vraiment* temps que je rentre à la maison, parce que mon cartable était là !

– Je pense que ton cosmonaute est très intelligent, Billy dit Maman.

– Je le pense aussi, dit Billy.

Et le hibou pensait qu'ils avaient raison tous les deux.

4
LE HIBOU FAIT UNE FUGUE

– Aujourd'hui, c'est un jour très important ! dit Billy au cosmonaute, le jeudi matin.

– Pourquoi ? dit le cosmonaute.

Ils revenaient du magasin de Mme Jefferson, au coin de la rue, où le cosmonaute avait acheté une sorte de tabac très spécial pour envoyer des signaux de fumée.

– Je vais aller voir ma nouvelle école, dit Billy.

– Je vois, dit le cosmonaute.

– Est-ce que vous êtes allé à l'école, *vous* ? demanda Billy, car il ne savait pas si les cosmonautes allaient à l'école.

– Oui, dit le cosmonaute, et il donna à
Billy la pochette surprise qu'il avait
achetée dans le magasin où il avait trouvé
le tabac pour faire des signaux de fumée.

– Où elle était, votre école ? dit Billy. La mienne est rue Newton.

– Sur Mars, dit le cosmonaute.

– Mon hibou dit qu'il n'aime pas ma nouvelle école, dit Billy.

– Mais toi, tu vas l'aimer, dit le cosmonaute.

– Comment savez-vous que je vais l'aimer ? demanda Billy.

– J'ai reçu un message qui disait : BILLY VA AIMER L'ÉCOLE.

– Oh ! dit Billy.

Il raconta tout cela l'après-midi à sa maman, alors qu'ils étaient sur le chemin de sa nouvelle école.

– Ça ne m'étonne pas, dit Maman. C'est une école très bien.

– Je sais, dit Billy. Mais mon hibou ne l'aime pas.

– Ton hibou ne l'a pas encore vue, dit Maman alors qu'ils franchissaient la grille.

Billy sortit son hibou de son cartable

pour qu'il puisse voir à quoi ressemblait la nouvelle école.

La nouvelle école de Billy n'était pas neuve, elle était vieille. Elle était construite en briques rouges, et elle avait deux cheminées et une porte avec un vestibule où Billy pouvait accrocher son manteau. Mlle Murphy lui montra la place de son manteau et elle écrivit sur une étiquette :

BILLY LORGNON

Billy colla l'étiquette au-dessus du crochet où on suspendait les manteaux juste à côté de la porte de la classe.

Il y avait un bac à sable, des ateliers de peinture, des coussins, des bureaux, un bassin d'eau, un toboggan et un tout petit jardin avec des choses qui poussaient dedans.

– C'est là où tu t'assiéras, Billy, dit Mlle Murphy.

Billy et son hibou s'assirent.

– Qui as-tu emmené avec toi ? demanda
Mlle Murphy.

– Mon hibou, dit Billy. Je me marierai
avec mon hibou quand je serai grand.

– Et ton hibou, qu'est-ce qu'il en
pense ? demanda Mlle Murphy.

– Mon hibou se mariera avec moi lui
aussi, dit Billy. Comme ça, nous appar-
tiendrons l'un à l'autre.

– J'espère que je serai invitée au
mariage, dit Mlle Murphy.

– Nous inviterons tous nos amis, dit

Billy, qui ne savait pas exactement ce qu'était un mariage, mais qui pensait que ça ressemblait probablement à un anniversaire.

– C'est bientôt mon anniversaire, dit Billy à Mlle Murphy.

– Dimanche, dit Maman.

– Je vais faire une fête, dit Billy, mais il ne parla pas d'inviter Mlle Murphy parce qu'il n'était pas certain qu'elle fût de ses amis.

Puis ils allèrent voir la cour de récréation et la salle à manger où Billy déjeunerait, et ils regardèrent les images accrochées au mur, puis Mlle Murphy dit :

– Au revoir, Billy, à lundi matin.

Billy et Maman rentrèrent à la maison à pied.

– Elle est bien, ta nouvelle école, Billy, dit Maman. Il y a beaucoup de jouets.

– O-U-I, dit Billy.

– Et il y aura beaucoup d'enfants aussi, des garçons et des filles.

– Où étaient-ils ? demanda Billy.

– Ils étaient tous rentrés chez eux, dit Maman. Nous sommes venus après la classe, ainsi, nous avons pu visiter l'école.

– Est-ce qu'ils sont tous rentrés chez eux parce qu'ils n'aimaient pas l'école ? demanda Billy.

– Ils sont tous rentrés chez eux parce qu'il était temps de rentrer, dit Maman. Tout le monde rentre à la maison après la classe.

Billy réfléchit. La route était longue, longue, de la maison à l'école, et la route du retour aussi.

– Je ne suis pas sûr de retouver le chemin, dit-il, mal à l'aise.

– Je te conduirai, dit Maman.

– Et tu me ramèneras ? demanda Billy.

– Tous les jours, dit Maman.

– Chaque jour ? dit Billy, qui n'aimait pas du tout l'idée d'aller à l'école chaque jour.

– Sauf les samedis et les dimanches, dit Maman. Et il y a les vacances aussi. Des semaines et des semaines pleines de jours où on ne va pas à l'école du tout.

Quand ils furent rentrés à la maison, Billy alla tout raconter au cosmonaute.

– Alors ? dit le cosmonaute. Est-ce que mon message était vrai ?

– O-U-I, dit Billy.

– Mes messages de l'espace sont toujours vrais, dit le cosmonaute.

– Mais mon hibou n'a pas aimé ça du tout, dit Billy.

– Qu'est-ce qu'il n'a pas aimé ? dit le cosmonaute.

– L'école, dit Billy.

– Il faut que j'en parle avec ton hibou, dit le cosmonaute. Mais où est-il ?

– Dans mon cartable, dit Billy, et il ouvrit son cartable pour sortir son hibou, mais… SON HIBOU N'ÉTAIT PAS LÀ !

– Qu'est-ce qui se passe ? dit le cosmonaute.

– Mon hibou est parti ! dit Billy en montrant son cartable encore ouvert.

– Je suppose que tu l'as laissé à la maison, dit le cosmonaute.

– Non, dit Billy.

– C'est peut-être ta maman qui l'a ? dit le cosmonaute.

– Non, elle ne l'a pas, dit Billy.

Ils allèrent à la maison de Billy.

– Le hibou ? dit Maman. Tu ne l'as pas rapporté à la maison, Billy ?

Billy secoua la tête.

– Il est peut-être tombé sur la route ? dit le cosmonaute.

– Il a fait une fugue ! dit Billy qui sentait les larmes lui remplir les yeux.

– Non, dit Maman.

– Bien sûr que non, dit le cosmonaute. Attends un peu, je vais aller le chercher.

Le cosmonaute retourna chez les Vieilles Personnes, mit son costume de cosmonaute, et Billy le vit disparaître au bout de la rue en faisant pétarader sa moto.

– Voilà ton pantin qui est venu te voir, dit la maman de Billy, et elle donna son pantin à Billy, mais Billy ne voulait pas de son pantin et il le jeta sur le canapé.

– Je suis sûre qu'on va retrouver ton hibou, dit Maman.

– Il a fait une fugue, dit Billy.

– Non.

– Il a fait une fugue parce qu'il n'aimait pas l'école, dit Billy. Il n'aimait pas Mlle Murphy et il ne voulait pas aller là-bas tous les jours.

Maman prépara un jus d'orange pour Billy et elle lui donna des biscuits, mais Billy n'en mangea pas. Il n'avait pas envie de biscuits. Il voulait son hibou.

Et puis…

ZOOM VAROOM !

La moto du cosmonaute arriva à toute vitesse sur la route et s'arrêta net devant la maison de Billy.

Billy courut à la porte pour le faire entrer.

– Vous avez mon hibou ? demanda-t-il.

– Non, dit le cosmonaute. Non, je ne l'ai pas, mais…

– Mais quoi ? demanda Billy.

– Mais j'ai reçu un message, dit le cosmonaute.

– Un message de l'espace ? demanda Billy avec espoir. Un message de l'espace à propos de mon hibou ?

– C'est ça, dit le cosmonaute. J'ai reçu un message de l'espace qui disait :

– J'espère que vous avez raison, dit la maman de Billy. Vous êtes sûr que le message de l'espace va marcher, M. Bennet ?

– Sur mon honneur de cosmonaute, dit le cosmonaute, et il croisa ses pouces comme ça :

– C'est un signe secret ? demanda Billy.

Le cosmonaute ne dit rien, mais il fit :

ce qui était le signe secret qui voulait dire « oui ».

– Qu'est-ce que tout cela veut dire ? demanda Maman.

– Ce sont des informations de l'espace top secret, Maman, dit Billy. Tu n'es pas autorisée à savoir.

Et puis…

Brrrrrnnnggg !

Brrrrrnnnggg! fit la sonnette de la porte d'entrée.

– Va voir qui c'est, Billy, dit le cosmonaute.

Billy ouvrit la porte : c'était sa nouvelle maîtresse, Mlle Murphy, et… SON HIBOU !

– Ton hibou est revenu à l'école pour me voir, Billy, dit Mlle Murphy. Il voulait être absolument sûr que tu serais heureux à l'école, et je lui ai dit que tout irait bien. Et voilà, je suis venue le ramener.

Billy prit son hibou.

– Dis merci à Mlle Murphy, Billy, dit Maman.

– Merci, Mlle Murphy, dit Billy en hésitant.

Puis Maman remercia Mlle Murphy, et le cosmonaute remercia Mlle Murphy, et ils allèrent sur le pas de la porte et regardèrent Mlle Murphy s'éloigner dans sa voiture.

Billy resta sur le canapé avec son hibou.

Maman rentra dans la maison et referma la porte derrière elle.

– Et n'oublie plus d'emporter ton hibou, Billy! dit-elle. Tu deviens un grand garçon maintenant, et tu dois apprendre à faire attention à tes affaires.

Billy serrait son hibou contre lui.

– Allez, c'est fini! dit Maman.

– Mon hibou ne sait pas parler, Maman, dit Billy.

– Tu m'as toujours dit qu'il parlait, dit Maman.

– Oui, mais seulement à moi, dit Billy.

– Et alors? dit Maman.

– Pas à Mlle Murphy.

– Mlle Murphy a été très gentille de faire ce détour pour te ramener ton hibou. Ce n'était pas sur sa route, Billy, dit Maman.

– Mon hibou ne l'aime pas, dit Billy. Et mon hibou ne parle pas avec elle.

– Dis à ton hibou… commença Maman et puis elle dit: Oh, je ne sais pas ce que

tu dois dire à ton hibou. J'en ai parfois par-dessus la tête de ton hibou!

Et elle sortit de la pièce.

Cette nuit-là, quand Maman vint dans la chambre de Billy pour le border, il dit :

– Maman!

– Oui, Billy?

– Mon hibou n'est pas réel, Maman. Tu as fait mon hibou dans une taie d'oreiller, n'est-ce pas?

– Oui, Billy, dit Maman.

– Donc, il n'a pas pu parler à Mlle Murphy n'est-ce pas ? Il me parle à moi seulement, parce que c'est pour moi que tu l'as fait.

– Je *suppose* que tu as raison, dit Maman.

Billy réfléchit un instant.

– Mlle Murphy a menti, Maman, dit-il. Mlle Murphy a dit que mon hibou lui avait parlé, mais il ne lui a pas parlé parce que tu l'as fait avec une taie d'oreiller et qu'il parle seulement avec moi.

– Ton hibou lui a peut-être *vraiment* dit quelque chose, Billy, dit Maman.

– Comment ? interrogea Billy.

– Je ne sais pas, dit Maman. C'est peut-être de la magie. Je crois que ton hibou lui a dit que tu n'allais peut-être pas aimer l'école, toi non plus, et que tu te faisais du souci. Et je crois qu'elle a ramené ton hibou ici pour qu'il te dise qu'il ne fallait pas t'inquiéter, parce que Mlle Murphy est ton amie.

– C'est mon amie? demanda Billy.

– Je crois que oui, dit Maman. Pourquoi ne le demandons-nous pas à ton hibou?

Et ils le lui demandèrent.

Le hibou murmura quelque chose à Billy, mais Maman n'entendait pas ce qu'il disait car seul Billy pouvait l'entendre.

– Alors? demanda Maman.

– Mon hibou a dit que Mlle Murphy est mon amie, Maman, dit Billy.

– Je pensais bien qu'il dirait cela, dit Maman.

5
L'ANNIVERSAIRE DE BILLY

Billy se leva très tôt le dimanche matin parce que c'était son anniversaire.

Personne d'autre n'était réveillé dans la maison, même pas son hibou. Billy fut obligé de réveiller son hibou pour lui dire que c'était son anniversaire, et son hibou fut très content parce qu'il attendait l'anniversaire de Billy depuis très longtemps.

Billy et son hibou descendirent pour prévenir la maman et le papa de Billy.

– Hein ? Qu'est-ce que c'est ? dit le papa de Billy en jetant un œil par-dessus les couvertures.

– C'est mon anniversaire ! dit Billy.

– Oooaaah! grogna Papa d'une voix endormie et il bâilla.

– Joyeux anniversaire, Billy, dit Papa.

Papa le souleva et le glissa dans le lit, à côté de Maman.

Billy ne réussit pas à se rendormir. Il essaya très fort, mais son hibou n'essaya même pas car il était trop énervé.

Son hibou voulait jouer.

Son hibou joua à tirer les couvertures, et il joua à marcher sur Billy, et puis il joua à marcher sur Maman, et il joua à chatouiller Papa.

– D'accord! dit Papa. Je me rends!

Et il sortit du lit.

– Quelle heure est-il? marmonna Maman.

– Six heures, dit Papa. Allez, on peut bien faire semblant d'être réveillés, même si on ne l'est pas vraiment. Tu vas faire le thé et je vais offrir ses cadeaux à Billy, d'accord?

– Non. *Toi* tu fais le thé, dit Maman. Et *moi* je vais donner ses cadeaux à Billy.

Billy eut beaucoup de cadeaux.

Il y avait une grande boîte avec une fusée en Lego de la part de Maman, une trompette de la part de Papa, un nouveau manteau de la part de Tante Paula, un jeu de construction de la part d'Oncle James, un œuf à la coque sur lequel on avait dessiné un visage de la part de son pantin, un nouveau pull de la part des Wilkins et une pomme caramélisée de la part de son hibou.

– C'est une idée de qui ? dit Maman.

– Du hibou, bien sûr, dit Papa. Mais je l'ai un peu aidé.

– Tu ne la mangeras pas dans ton lit, Billy, dit Maman. Sinon tu vas en mettre plein tes draps.

Billy descendit pour aller manger la

pomme caramélisée de son hibou sur le canapé, et il joua avec son jeu de construction.

Et puis le facteur arriva.

Il y avait une carte d'anniversaire de Maman, de Papa, de son hibou et de son pantin, et une autre des Wilkins. Il y en avait une aussi de Mlle Murphy à l'école, et une autre de Henny Compton avec 5 francs à l'intérieur.

– Tu vas aller remercier Henny, Billy, dit Maman.

Et puis elle s'assit sur le canapé qui était tout collant.

– Qu'est-ce que c'est? demanda-t-elle.

– Mon hibou pense que ça *pourrait* bien être de la pomme caramélisée dit Billy.

– Va chercher ton père! dit Maman. C'est lui qui a amené cette cochonnerie à la maison, et c'est lui qui va nettoyer le canapé maintenant!

– C'est pas Papa qui m'a donné la

pomme caramélisée, Maman, dit Billy. C'est mon hibou.

– Ton hibou sait nettoyer les canapés? demanda Maman.

– Non, dit Billy.

– Alors va chercher ton père! dit Maman.

Papa commença à nettoyer le canapé, et Maman monta nettoyer sa robe. Billy et son hibou traversèrent la rue pour aller dire merci à Henny Compton pour les 5 francs.

– Bonjour, dit Henny en écartant sa chaise roulante de la porte pour laisser entrer Billy.

– Bonjour, dit Billy. Maman m'a dit de-vous-dire-merci-pour-les-5-francs-et-la-charmante-carte, et vous pouvez venir à ma fête cette après-midi, si vous voulez. C'est à trois heures et il y aura de la gelée.

– J'aime beaucoup la gelée, dit Henny.

– Et si vous venez, prenez votre chaise roulante avec vous, dit Billy.

– Je suis toujours obligé de venir avec, dit Henny.

– Bien, dit Billy. J'ai un ami qui ne connaît rien aux chaises roulantes et je voudrais qu'il voie la vôtre.

– C'est qui ? demanda Henny.

– Le cosmo… commença Billy, et puis il s'arrêta et dit : « M. Bennet », parce que le cosmonaute, c'était une information spatiale top secret, et Henny ne devait pas être au courant.

– Et puis mon hibou aimerait bien la voir, lui aussi, ajouta Billy.

– Ton hibou l'a déjà vue, dit Henny.

Henny connaissait bien le hibou. Le hibou était même allé faire des promenades dans sa chaise roulante.

– Oui, mais il voudrait bien la *revoir*, dit Billy.

Et puis Billy rentra à la maison.

Ce fut une belle fête d'anniversaire.

Le bébé des Wilkins vomit partout sur le tapis, Papa se brûla en allumant les bougies d'anniversaire et Mme Wilkins mit de la pomme caramélisée sur sa jupe. (Ça ne pouvait pas venir du canapé, puisque Papa l'avait nettoyé.) La chaise roulante de Henny roula sur le pied de Tante Paula, et Tante Paula fut très grossière avec Henny, et Billy, son hibou et son pantin rirent, mais Maman leur dit que ça n'était pas drôle.

Le mieux de tous, ce fut le cosmonaute.

Le cosmonaute avait apporté à Billy un costume spécial de cosmonaute qui était fait dans une matière brillante. Il y avait une ceinture avec, un insigne de cosmonaute et un fusil à laser.

– Ça te plaît, Billy? demanda le cosmonaute. Et Billy fit :

Billy tira avec son fusil à laser sur le bébé des Wilkins et sur Mme Wilkins, Maman, Papa, son pantin, la chaise roulante de Henny Compton, la gelée, l'orangeade, les sandwiches et les petits gâteaux avec des chapeaux dessus.

– Ne me tire pas dessus avec ton fusil à laser, dit le cosmonaute, et Billy fit :

Et puis ils prirent le thé, et le bébé des Wilkins, Mme Wilkins et Henny Compton rentrèrent chez eux, et puis ce fut le moment d'aller au lit.

– Je veux que ce soit le cosmonaute qui aille me mettre au lit, Maman, dit Billy, et ce fut le cosmonaute qui alla coucher Billy. Billy monta sur les épaules du cosmonaute, et ils montèrent l'escalier à toute vitesse, comme une fusée spatiale, et puis ils durent redescendre à toute vitesse pour prendre le hibou.

– Et ton pantin ? dit Maman.

– Mon pantin ne dort plus dans mon lit, dit Billy, mais le cosmonaute emporta quand même le pantin.

– Pauvre pantin, dit le cosmonaute, en mettant le pantin dans la boîte à jouets. J'espère que tu ne te sens pas trop seul là-dedans.

– Mon hibou dit que non, dit Billy.

– Comment ton hibou le sait-il ? dit le

cosmonaute. Ton hibou n'est pas tout seul, lui. Il est dans un beau lit douillet avec toi, et pas tout seul dans une boîte à jouets.

– Mon hibou le sait, dit Billy.

– Ton hibou ne sait pas tout, Billy, dit le cosmonaute en s'asseyant au bout du lit. Il y a beaucoup de gens qui sont tout seuls.

– Comme le vieil Henny? dit Billy.

– Pas seulement les vieilles personnes, Billy, dit le cosmonaute. Tu devrais y réfléchir.

Et Billy fit le signe secret:

Le cosmonaute s'en alla et Maman monta pour border Billy dans son lit.

– Maman, dit Billy. Est-ce que le cosmonaute est parfois tout seul?

– Je suppose que oui, Billy, dit Maman.

– Comme mon pantin, dit Billy. Mon pantin est tout seul parce que mon hibou a dit qu'il n'y avait pas de place pour lui dans mon lit.

– Ton hibou avait tort! dit Maman. Il y a plein de place. Dis à ton hibou de se pousser un peu.

Billy poussa un peu son hibou et fit entrer son pantin dans le lit.

– Maintenant, il ne sera plus tout seul, hein? dit Maman.

– Plus du tout! dit Billy.

6

BILLY ET LE MONSTRE

C'était dimanche après-midi, le dimanche juste avant le lundi-où-on-allait-à-l'école.

– Voilà de nouveaux habits pour aller à l'école, Billy! dit Maman.

Les nouveaux habits étaient tous étalés sur le lit. Il y avait deux pantalons, deux chemises et deux pulls.

– Tu vas être beau dedans, Billy, dit Maman.

Billy les regarda.

– Mon hibou dit que je vais mourir de chaud si je dois porter les deux pantalons, les deux chemises et les deux pulls ensemble.

– Eh bien, ton hibou est vraiment stupide! dit Maman. Tu ne porteras qu'un pantalon, qu'une chemise et qu'un seul pull à la fois. Le reste, ce sont des habits de rechange.

Et elle mit ses nouveaux habits à Billy.

Billy descendit les montrer à Papa, et puis son hibou dit qu'ils devraient aller les montrer au cosmonaute, et Maman dit qu'ils avaient la permission.

Billy et son hibou allèrent à la maison du cosmonaute, et ils sonnèrent trois fois à la porte parce qu'il y avait une autre sorte de signal secret pour que le cosmonaute sache qui était à la porte avant d'aller ouvrir.

– J'ai des nouveaux habits pour aller à l'école, dit Billy au cosmonaute. Mon hibou ne les aime pas.

– Je crois que ton hibou est jaloux, dit le cosmonaute.

– Mon hibou préfère mon costume de cosmonaute, dit Billy, celui que vous m'avez donné pour mon anniversaire. Il y a un fusil à laser avec. Si j'avais eu mon fusil à laser, j'aurais pu tirer sur le monstre qui est dans l'entrée.

– Quel monstre ? dit le cosmonaute.

– Mon hibou dit qu'il y a un monstre de l'espace dans l'entrée, derrière la porte, dit Billy. J'aurais pu lui tirer dessus avec mon fusil à laser.

– Comment est-il ? demanda le cosmonaute.

– Grand, dit Billy. Et poilu et horrible !

– Où est-il allé ? demanda le cosmonaute. Car il n'est plus là, hein ?

– Je ne sais pas, dit Billy.

Ils allèrent regarder hors de la pièce, dans l'entrée, mais le monstre de l'espace, grand, poilu et horrible n'était pas là.

– Les costumes de cosmonaute, c'est fait pour combattre les monstres de l'espace, dit Billy. Je l'aurais combattu, si j'avais eu mon costume de cosmonaute sur moi. Les costumes de cosmonaute, c'est fait pour l'aventure.

– Comme tes nouveaux habits, dit le cosmonaute.

– Mes nouveaux habits, c'est pour aller à l'école, dit Billy.

– Mais aller à l'école, c'est une aventure ! dit le cosmonaute.

– Je parie qu'il n'y a même pas de monstre de l'espace là-bas ! dit Billy.

– On ne sait jamais, avec les monstres de l'espace, dit le cosmonaute.

Et Billy rentra à la maison.

– Ce soir on va se coucher tôt, dit Maman quand ils eurent fini de prendre le thé. Demain, c'est le grand jour !

– Tu vas dans ta nouvelle école, dit Papa.

Billy ne dit rien.

Il monta avec Maman et il prit un *bain spécial* avec le bain moussant parfumé de Maman, et son hibou tomba dedans.

Le hibou était mouillé, mais il ne coula
pas parce que Billy le sauva à temps. Billy
avait peur que son hibou ne prenne froid,
mais Maman dit que non. Elle sécha le

hibou avec un sèche-cheveux pendant que
Papa lisait une histoire à Billy.

Billy, son hibou et son pantin se faufi-
lèrent dans le lit, mais le hibou dut rester

sur une serviette au bout du lit car il était encore trempé.

Maman donna un *baiser spécial* au hibou pour le consoler, et Billy et le pantin eurent droit eux aussi à leur *baiser spécial*.

– Laisse la lumière allumée, Maman, dit Billy, et Maman dit qu'elle laisserait la lumière.

Billy ne réussit pas à s'endormir. Il dut descendre pour aller chercher à boire pour son pantin, et puis il dut descendre à nouveau chercher quelque chose pour tenir chaud à son hibou, et puis il avait laissé son fusil à laser en bas et il dut descendre le chercher.

– Pourquoi veux-tu ton fusil à laser maintenant, Billy? demanda Papa.

– Pour le monstre, dit Billy.

– Quel monstre?

– Il y a un monstre de l'espace grand, poilu et horrible! dit Billy.

– Non, dit Papa.

– Si, dit Billy. Le cosmo… M. Bennet connaît tout sur lui.

Papa raconta cela à Maman.

– Tu n'as pas peur d'un stupide monstre de l'espace, Billy ! dit Maman.

– C'est mon hibou qui a peur, dit Billy. Et il n'est pas stupide. Je l'ai vu chez le cosmonaute.

– Je vais aller en parler au cosmonaute, Billy, dit Maman, et elle alla directement à l'appartement du cosmonaute et revint avec lui.

– Bonsoir, Billy, dit le cosmonaute. Qu'est-ce que c'est que toute cette histoire de monstre ?

Billy ne dit rien. Il serra seulement son hibou contre lui parce que son hibou avait peur du monstre de l'espace.

– Je pense que ton hibou a peut-être *imaginé* ce monstre de l'espace, Billy, dit Maman.

– Non, dit Billy.

– Comment est-il, ce monstre de l'espace, Billy? demanda le cosmonaute.

– Gros, poilu et horrible, dit Billy.

– *Horrible* comment? dit le cosmonaute.

– Il a des dents noires et des yeux
rouges! dit Billy.

– Oh! dit le cosmonaute. Alors ça va!

– Pourquoi? dit Billy.

– C'est un monstre-qui-s'en-va, dit le
cosmonaute.

– Qui s'en va? dit Billy.

– Oui, dit le cosmonaute. Il suffit de
le regarder et de faire un signe secret
comme ça :

et il s'en va.

– Vous en êtes sûr? dit Billy.

– Sûr et certain, dit le cosmonaute. Ces
monstres-qui-s'en-vont sont de vraies
poules mouillées!

– Pas moi! dit Billy. Moi, je suis cou-
rageux.

– C'était ton hibou qui avait peur, dit Maman. N'est-ce pas, Billy ?

– Oui, dit Billy.

– Dis à ton hibou qu'il ne faut plus avoir peur, Billy, dit le cosmonaute, et il rentra chez lui.

– Maman, dit Billy quand Maman le recoucha. Maman, est-ce que M. Bennet est vraiment un cosmonaute ?

– Je ne sais vraiment pas, Billy, dit Maman. Qu'est-ce que tu en penses, toi ?

– Mon hibou pense qu'il pourrait peut-être inventer tout ça, dit Billy. Mais moi je pense que c'est vraiment un cosmonaute.

– Cosmonaute ou pas, je l'aime bien quand même, dit Maman.

– Moi aussi, dit Billy.

7
BILLY VA À L'ÉCOLE

Lundi, c'était le premier jour d'école.

Maman, Billy et son hibou partirent à l'école en laissant le pantin à la maison, tout seul.

– Mon pantin veut venir avec nous, Maman, dit Billy. C'est mon hibou qui me l'a dit. Est-ce que je peux l'emmener?

– Non, dit Maman. Seulement ton hibou.

– Pourquoi?

– Il n'y aurait plus de place à l'école si les enfants emmenaient tous leurs amis avec eux, dit Maman.

Billy et son hibou firent des signes de la

main au pantin qui était assis sur l'appui de fenêtre de la pièce de devant et qui les regardait partir.

– Je peux aller montrer mes nouvelles chaussures d'école au cosmonaute? demanda Billy quand ils passèrent devant l'appartement du cosmonaute, mais Maman dit que le cosmonaute ne devait pas encore être levé.

Ils arrivèrent à l'école.

Il y avait beaucoup d'enfants à l'école, et la plupart étaient plus grands que Billy, mais ça ne lui faisait rien car Maman était entrée avec lui et elle l'aidait à accrocher son manteau au portemanteau où était marqué son nom.

Et puis Mlle Murphy arriva.

Elle était très gentille. Elle emmena Billy et son hibou à la place réservée à Billy, et ils firent une autre place réservée au hibou sur un coussin.

Il y avait d'autres nouveaux, comme

Billy. Il y en avait des gros et il y en avait
des maigres, et il y en avait un qui avait
un pantalon rouge. Il s'appelait Sam. Il
était assis à côté de Billy et le hibou ne
l'aimait pas.

– Voilà Anne, Billy, dit Mlle Murphy.
Anne va vous montrer, à toi et à Sam,
toutes les choses que nous faisons.

Et Anne leur montra tout.

Il y avait beaucoup de choses à faire.

Billy et Sam jouèrent avec de l'eau, et ils s'amusèrent dans le bac à sable, et puis ils s'assirent pour se reposer, et Mlle Murphy lut une histoire, et on leur donna des cubes et puis ce fut la récréation.

– Est-ce que Maman va venir maintenant? demanda Billy à Mlle Murphy.

– Pas maintenant, dit Mlle Murphy. Plus tard.

Et puis elle aida Billy, Sam et Anne à mettre leur manteau, et ils allèrent dans la petite maison avec une porte bleue, et Billy et Sam firent du thé pendant qu'Anne jouait dehors.

Anne prit des voitures dans la boîte à voitures et les donna à Billy, et ils les firent rouler partout. Puis il y eut une autre histoire, et une chanson, et puis ils allèrent manger dans la salle à manger des petits. Après cela, ils sortirent pour jouer et ils rentrèrent à nouveau, et puis Mlle Murphy

parla beaucoup, et enfin, il fut temps de
rentrer à la maison.

– Où est Maman ? dit Billy.

Et Maman apparut à la porte. C'était

la première de toutes les mamans et de tous les papas, et elle fit la connaissance d'Anne et de Sam.

– Sam est mon meilleur ami, dit Billy quand ils sortirent.

– C'est bien, dit Maman.

– Anne est ma meilleure amie après Sam, dit Billy.

– Elle semble gentille, dit Maman.

– Marie Raffut est tombée dans la boue, dit Billy, mais Maman ne faisait pas attention à ce qu'il disait. Elle semblait chercher quelque chose.

– Je pense que tu as oublié quelque chose, dit-elle.

– Non, dit Billy, car il savait bien qu'il avait son sac à chaussures suspendu au portemanteau à l'école et son cartable sur le dos, avec ses crayons dedans.

– Oh si! dit Maman. Tu as oublié ton hibou!

Ils durent refaire toute la route jusqu'à

l'école pour aller chercher le hibou, qui était assis sur le bureau de Mlle Murphy où il attendait Billy.

Ils rentrèrent à la maison et Billy prit une boisson chaude, et puis le cosmonaute arriva.

– Bonjour Billy, dit-il. Alors, comment c'était, l'école ?

– Super, dit Billy, parce que c'était vraiment super, et il raconta au cosmonaute toute l'histoire de Sam et Anne et Marie Raffut qui était tombée dans la boue et comment était la salle à manger des petits et ce qu'ils avaient eu à manger.

– Et ton hibou, qu'est-ce qu'il en pense ? dit le cosmonaute.

Billy réfléchit un moment.

– Mon hibou n'a pas tellement aimé ça, dit-il.

– Oh Seigneur ! dit Maman. Pourquoi ?

– Mon hibou ne pouvait jouer avec personne, dit Billy.

– Je pensais qu'il avait joué avec toi, dit le cosmonaute.

– J'étais trop *occupé*, dit Billy. On est toujours occupé à l'école à apprendre des tas de choses utiles.

– Je vois, dit le cosmonaute.

Et puis il ferma les yeux et reçut un message qui disait: IL Y A UNE SURPRISE SOUS LE COUSSIN.

Et il y avait vraiment une surprise !

C'était un paquet de bonbons.

– Plus de bonbons ! dit Maman.

– Ce sont des bonbons pour le hibou ! dit le cosmonaute. Je suis sûr que ton hibou en mangera quelques-uns, parce qu'il n'avait personne à qui parler pendant toute la journée, comme moi ! Les visites de Billy me manquent maintenant qu'il va à l'école.

– Je viendrai vous voir tous les jours ! dit Billy.

– Merci beaucoup, dit le cosmonaute.

Papa rentra à la maison, et Billy lui raconta tout sur l'école, puis ils prirent le thé et Papa lui lut une histoire, et puis Billy et son hibou montèrent se coucher et Maman monta le pantin après.

– Voilà ce pauvre vieux pantin, Billy, dit-elle. Il s'est senti très seul toute la journée et il croit que tu l'as oublié.

Elle mit le pantin dans le lit, à côté de Billy et de son hibou.

– Mon hibou s'est senti seul, lui aussi, dit Billy. Parce que j'étais trop occupé pour jouer avec lui.

– Je suppose qu'il devait se sentir seul, dit Maman. Ton hibou n'a vraiment pas grand-chose à faire à l'école, hein ? Je pense qu'il devrait plutôt rester à la maison demain et tenir compagnie au pantin ; ainsi, ils pourraient jouer ensemble.

Billy demanda à son hibou et le hibou dit que c'était une bonne idée, et le pantin aussi pensa que c'était une bonne idée.

Maman descendit, mais elle avait oublié d'apporter un verre d'eau pour le hibou, donc Billy fut obligé de descendre en chercher un. Puis il fut obligé de descendre une nouvelle fois pour prendre un autre verre d'eau pour son pantin.

– Tu ne vas pas faire ça toutes les nuits, Billy, dit Maman, et elle le prit dans ses bras pour le remonter et elle le borda.

– Maman ? dit Billy.

– Oui ? dit Maman.

– Je ne devrais peut-être pas aller à l'école moi non plus, dit Billy. Je devrais peut-être rester à la maison avec mon hibou et mon pantin. C'est ce que pense mon hibou.

– Mais tu aimes bien l'école, dit Maman. Tu le sais bien. Tu aimes bien Anne, et Sam, et Mlle Murphy, et toutes les choses que tu as faites, non ?

– Mais mon hibou *veut* que je reste à la maison, dit Billy. Il veut jouer avec quelqu'un de réel, pas seulement avec le pantin.

Maman réfléchit un moment.

– Je crois que je sais avec qui ton hibou aimerait bien jouer, Billy, dit Maman.

– Qui ? dit Billy.

Et Maman le lui dit.

Le matin suivant, quand Billy fut prêt pour partir à l'école, il mit son hibou et son pantin dans un sac en plastique, et quand Billy et Maman passèrent devant la maison du cosmonaute, ils posèrent le sac en plastique devant la porte, où le cosmonaute était forcé de le voir.

– J'espère que ça va bien se passer pour eux, Maman, dit Billy.

– Bien sûr, dit Maman. Ton hibou, ton pantin et le cosmonaute vont jouer ensemble et ainsi, personne ne sera tout seul.

– Mais je vais leur manquer à tous, non ? dit Billy.

– Bien sûr que oui, dit Maman. Mais tu les verras en rentrant à la maison !

Le hibou, le pantin et le cosmonaute étaient tous dans le jardin du cosmonaute quand Billy rentra à la maison, et Billy sauta par-dessus le mur du jardin du cosmonaute pour les rejoindre.

– On fait un pique-nique-pour-Billy-qui-rentre-à-la-maison-après-l'école, dit le cosmonaute.

– On pourra en faire un tous les jours ?
demanda Billy.

– S'il ne pleut pas, Billy, dit Maman en
regardant par-dessus le mur du jardin.

– Attends une minute, dit le cosmonaute. Attends, je reçois un message. Et
ce message dit: S'IL PLEUT, NOUS POUR-
RONS FAIRE NOTRE PIQUE-NIQUE À L'INTÉ-
RIEUR.

Le hibou pensa que c'était une bonne
idée.

Ils eurent des chips, des bonbons, des
pommes et de la limonade pétillante, et
ils mangèrent tout.

– Maman ? dit Billy quand Maman le
mit au lit. Maman, j'aime bien l'école.

– C'est bien, dit Maman.

– Et mon hibou et mon pantin aiment
bien jouer avec le cosmonaute, dit Billy.

– Je suis sûre que, lui aussi, il aime bien
les avoir chez lui, dit Maman.

– Donc, il ne sera plus tout seul, dit Billy.

– C'est vrai, dit Maman.

– C'est bien, dit Billy. Et il se pelotonna bien au chaud sous les couvertures douillettes, avec son hibou sous un bras et son pantin sous l'autre, et ils s'endormirent, tous les trois.

TABLE DES MATIÈRES